Decidí escribir este libro para servir de inspiración a muchas personas que tal vez se encuentren en la misma situación que me encontré años atrás y por temor no me atreví a dar el paso.

Siempre que le metas pasión y perseverancia, vas a lograrlo.

Mientras lo estás pensando, hay otros que ya tomaron acción.

Cómo leí alguna vez, el éxito no es lo que otros reconocen en ti. El éxito es lo que tú consideras haber alcanzado en tu vida.

Y como dicen otros, si haces lo que te apasiona, no lo verás como un trabajo y puedes lograr llevarlo adelante y triunfar.

Espero que este libro ayude a motivarte y que esa llamita que tienes encendida dentro de ti desde hace un tiempo, ilumine tu mente y te atrevas a dar el paso.

Agradezco a mis familiares que a lo largo de esta búsqueda de oportunidades, me han dado siempre su apoyo y tolerancia.

Ivette O.

De acuerdo a datos de la Organización Internacional del Trabajo (OIT), la Pandemia llevó a varias empresas a disminuir su fuerza laboral o cerrar operaciones, por lo que una gran cantidad de personas a nivel mundial, quedaron desempleadas.

Si este es tu caso o si ya tenías deseos de Emprender, este es tu momento.

La pandemia transformó la forma de trabajar, de comprar, de vender, de relacionarse, de estudiar y muchos otros aspectos del día a día de la vida de una persona.

¡Tenemos muchas oportunidades para lograr nuestros sueños!

"SI TU NO TRABAJAS POR TUS SUEÑOS,

ALGUIEN TE CONTRATARÁ PARA QUE TRABAJES POR LOS SUYOS"

-Steve Jobs.

Un poco de mi historia

Desde que entré a la universidad hace muchos años a estudiar una Licenciatura en Sistemas, la primera opción y casi el común de todas las personas, era buscar un empleo ya que, tanto en nuestros hogares como en las escuelas, era lo que nos inculcaban. Nos decían que estudiáramos para conseguir un buen empleo y aquel que trataba de hacer algo por si solo, le decían que se moriría de hambre con esas ideas.

No era común ver personas tratando de emprender o buscarle solución a necesidades que se veían a diario.

Las personas que eran sus propios jefes, eran quienes, por no conseguir un empleo, los veíamos en las calles, vendiendo frutas, lentes de sol, banderas y otros productos propios de cada temporada.

Ninguna persona que había asistido a la escuela y universidad trataba de hacer su propio negocio.

Y como todos en ese momento, yo también entré a la universidad y a los meses conseguí un empleo.

Allí trabajé por 7 años donde fui escalando hasta llegar a ser encargada de un departamento dentro de una empresa de Seguros.

No les voy a decir que esos 7 años no me dieron experiencia en varios rubros, claro que si:

1. Aprendí disciplina en cuanto al horario que se debe trabajar.
2. Aprendí a convivir con personas de diversos estratos sociales.
3. Aprendí a realizar procedimientos para desarrollar las tareas que se me asignaban.
4. Aprendí a valorar el dinero que se me pagaba por mi trabajo.
5. Aprendí nuevos conocimientos relacionados a los negocios.
6. Aprendí a tener responsabilidades y entregar mis tareas en el tiempo otorgado para las mismas.
7. Aprendí a organizar mis tareas.

Y así muchos otros conocimientos, que fueron la base de lo que soy hoy.

7 años más tarde

Luego de 7 años de escalamiento laboral y profesional, hubo una recesión económica y se cerraron los bancos por un mes.

Los bancos son el eje que mueve la economía y muchas empresas se vieron en la necesidad de despedir a sus empleados, para poder hacer frente a sus obligaciones.

Hubo varias oleadas de despido y yo me fui en la última.

Debido a la situación en ese momento, la empresa no tenía capital para liquidar a tantos empleados, por lo que nos pagó la liquidación a lo largo de 6 meses. Esto me permitió ir poco a poco organizándome económicamente.

Al tiempo me puse nuevamente en marcha y encontré un trabajo temporal donde me pagarían por trabajo terminado y en un horario a mi conveniencia. Eso me dio un poco de tranquilidad ya que había quedado embarazada y venía un nuevo gasto al hogar.

Lo importante es que nunca me detuve ni me deprimí, sino que salí nuevamente adelante a buscar otro empleo una vez nació mi hijo. Estuve 5 meses buscando hasta que se me abrió una gran oportunidad en un Banco de la localidad.

En este nuevo reto, tuve la oportunidad de conocer otro negocio y obtener nuevos conocimientos.

Al ser un banco sólido y con todos sus departamentos y funciones bien estructuradas, aprendí muchas estrategias para desarrollar mis tareas de la manera más eficaz.

Me sentía muy a gusto y contenta conmigo misma por los retos que iba superando y escalando.

Fueron muchos los nuevos conocimientos que adquirí a lo largo de 21 años que laboré en dicha empresa.

Quería algo más

Luego de varios años de trabajo, comencé a sentir que me faltaba algo, que necesitaba buscar algo más para sentir que estaba trabajando para dejar un legado y tener la vida que soñé, donde podría lograr libertad financiera y hacer que el dinero trabajara para mí y no yo para el dinero, como lo había estado haciendo todos esos años.

Mis estudios universitarios en el área de Tecnología habían quedado muy básicos y los colaboradores jóvenes que entraban a trabajar al banco, traían conocimientos actualizados, haciéndome sentir que me estaba quedando atrasada.

Es cuando decido obtener una maestría en Publicidad y Mercadeo para refrescar, actualizar mis conocimientos y reforzar las asignaciones que recién me habían otorgado como *Webmaster*.

Mientras cursaba la Maestría, nos visitaban expositores y nos hablaban de nuevas oportunidades de negocio, pero aún no era normal independizarse y tener su propio emprendimiento.

Unos años después, durante el desarrollo de un proyecto interno en la empresa, conocí a un chico que estaba recién graduado de la universidad y me conversó sobre el libro Padre Rico, Padre Pobre del autor Robert Kiyosaki, de quien en ese momento no había escuchado.

Inspirada por esta conversación, corrí a comprar dicho libro.

Este libro hizo un gran cambio en mí manteniéndome alerta para todo lo que pudiera significar una nueva entrada económica. Me gustó tanto, que compré todos los libros relacionados al tema, escritos por dicho autor.

Estimado emprendedor, tienes que leerlos.

Recuerdo que, en una parte del libro, el autor comentó que una persona le había dicho en una ocasión, que había logrado recolectar $300 para comprar un juego de pesas para ejercitarse, y el autor le recomendó, que en vez de gastarse esos $300 que quedarían enterrados en unas pesas, invirtiera en algo que se convirtiera en un activo y con lo que ese activo le generara, comprara las pesas. De esta manera, tendría ese activo, que le seguiría produciendo más dinero y el juego de pesas que tanto quería.

Le recomendó tener unas máquinas expendedoras de golosinas, debido a que ese tipo de máquina no requiere que una persona esté presente para funcionar, sino que ellas por si solas, estuviesen "vendiendo mientras él duerme" y el dueño solo debería tener la disciplina de ir a recolectar las ventas y rellenar las máquinas. A esto le llaman "Que el dinero trabaje para ti".

De una vez tomé acción y compré mi primera máquina expendedora y la coloqué en el restaurante de un amigo. Al poco tiempo, compré la segunda y la coloqué en otro lugar y al año, ya tenía 5. Esto me representó mucho "*Cash Flow*".

Ya me sentía que estaba entrando en la línea de convertirme en empresaria y la inquietud de seguir en la búsqueda de otros logros y oportunidades, aunque aún no me atrevía a renunciar a mi empleo.

El detonante

En una ocasión, estando en una reunión familiar, mi cuñada comentó que había empezado a trabajar en una empresa de Bienes Raíces, que le pagaba una jugosa comisión por los alquileres y ventas que hacía y solo dedicándole muy pocas horas. Esto fue el detonante para que yo abriera los ojos y entendiera que afuera había otras maneras de ganarse la vida trabajando para uno, en el horario más conveniente y poder dejar un patrimonio a la familia.

Fue cuando empecé a incursionar en este rubro y a conseguir propiedades de amigos que pudiera ofrecer para alquilar o vender. Conversé con una amiga que tenía su empresa de Bienes Raíces y le propuse ayudarla, enseñando propiedades en mis horas libres de la oficina. Para ella fue muy bueno porque de esta manera, atendería clientes en el horario regular de oficina y yo la apoyaría en los horarios de la tarde-noche y fines de semana, cuando las personas tienen disponibilidad para visitar las propiedades.

En este momento, reafirmé que afuera, había otras oportunidades y lo más importante para mí:

1. Manejaría el horario a mi conveniencia y podría compartir más tiempo en familia.

2. El salario me lo pondría yo de acuerdo con mis gestiones e ímpetu que le pusiera al negocio.

3. Haría las estrategias de venta de acuerdo con lo que yo consideraba sin que me dijesen qué ejecutar.

Poco a poco fui entendiendo que para poder tener la libertad financiera y tener completo control de mi horario, tenía que mirar hacia afuera y buscar oportunidades de negocio. Me tomé dos años analizando mi salida del banco hasta que finalmente tomé la decisión, con mucho dolor porque dentro de todo, amaba lo que hacía y dentro del banco había aprendido muchas cosas, además que dejaba atrás la convivencia diaria con personas que al final se convierten en tu familia de tanto tiempo de relación con ellas y por supuesto, dejaría la seguridad económica que te brinda un empleo.

Mi nuevo emprendimiento

Una vez fuera del grupo de asalariados, lo primero que hice fue sacar mi licencia de Bienes Raíces, debido a que ya contaba con algo de experiencia y ejerciendo esta actividad, podría manejar mi tiempo hasta que me organizara en mi hogar.

Me di cuenta que nunca se deja de estudiar y aprender nuevas cosas.

A los meses tomé un Diplomado *Online* con España, para incrementar mis conocimientos tecnológicos siempre pensando en poder utilizarlos en el emprendimiento que decidiera realizar.

Al principio de esta nueva vida, la cual fue un cambio radical debido a que por casi 28 años tuve un horario obligado de 8 horas dedicado solamente a mi empleo, me tomó un poco acostumbrarme: tenía que organizar el tiempo y horario de madre, esposa, tareas del hogar y emprendimiento.

Poco a poco fui organizándome y hasta me quedaba tiempo libre para dedicarme a mi *hobby* que era hacer invitaciones, álbumes de fotos y otros.

De pronto este *hobby* se fue convirtiendo en mi pequeño emprendimiento donde fui ampliando mis horizontes y ofreciendo mis servicios a familiares y amigos, hasta crear mi cuenta en Redes Sociales y darme a conocer al mercado local.

Mientras esto ocurría, estaba siempre alerta por si surgía alguna otra oportunidad de emprendimiento.

Un día, mientras navegaba en Internet buscando ideas, encontré a una persona que había emprendido hacía varios años y nos daba sus tips para empezar. Decidí seguirlo en las redes e ir aprendiendo los pasos para desarrollar un emprendimiento desde cero. Luego encontré a otra persona y luego a otra y así fui escuchando y aprendiendo de cada uno de ellos. Unos hablaban de la parte emotiva del emprendimiento, otros de la parte de estrategias, del paso a paso, de finanzas y así muchos más, que, a lo largo de varios años, me ayudaron y siguen ayudando a definir mi modelo.

Estos cursos *online*, han sido de mucha ayuda debido a que me mantienen actualizada en temas como la forma de hacer mercadeo, manejo de redes sociales, conocer a mi cliente, definir los pasos para llevar mi emprendimiento en orden, educación financiera y todos aquellos puntos importantes, para llevarlo a cabo.

El mercadeo y publicidad tradicional se basaba en carteles, volantes, boca a boca, comerciales en radio y televisión.

Luego con la llegada de Internet, se extendió a los emails (campañas de promoción masiva) y el que tenía pagina web, podía ampliar sus canales de venta de esta manera, pero si el cliente no entraba a internet, no lo veía.

En esta época que vivimos, el que no tiene email o no tiene un *Smartphone* con por lo menos su correo electrónico y una plataforma como WhatsApp en su celular, es como aquel que en épocas pasadas "no estaba en las Paginas Amarillas".

Según datos estadísticos del 2020, el promedio de horas que una persona está en Internet ya sea en su computador, tableta, o celular, es de 7 horas al día. Esto significa que el internet, ha venido a absorber a las personas en un 29% del día, sustituyendo la lectura del periódico que ahora se revisa *online*, las llamadas telefónicas a familiares y amigos, que ahora se realizan más frecuentemente por medio de chats a través del móvil, investigaciones para desarrollar una receta, una tarea, planear tu próximo viaje, comprar *online*, y hasta leer un libro. El resto de las horas del día, son laborables y las horas para descansar.

El internet ha venido a ser una parte importante de cada uno de los que habitamos este planeta.

Antes, si uno quería comunicarse con alguna persona de alguna empresa, era un poco complicado, ya que había que llamar a su oficina y ver si los filtros te permitían contactarla. Ahora, solo falta obtener su email y escribirle directamente sin intermediarios. Lo mismo ha ocurrido con el Internet que ha permitido contactar a amistades o conocidos, que, por causa de haber tomado rumbos diferentes, les habíamos perdido el rastro.

En cuanto a llegar a las personas a través de una campaña publicitaria, antes era más difícil, pues eran transmitidos durante ciertos programas de televisión, vallas en la carretera, anuncios en periódicos y revistas.

¿Ahora que ocurre? Mientras las personas están viendo videos que les interesan o navegando en internet, les aparecen comerciales alineados con el tipo de contenido que le gusta a la persona. Se puede decir que las campañas están siendo personalizadas y dirigidas al *"target"* específico.

La importancia de tener presencia en Redes Sociales

Para que nuestro emprendimiento sea conocido y visto por estas personas, debemos tener presencia en las redes sociales y debe ser siempre. Debes lograr ser "*top of mind*" de las personas que requieren algo de lo que tú ofreces. Y esto se logra publicando constantemente contenido en Internet (redes sociales). Más adelante les daré tips para tener presencia activa en redes sociales.

A muchas personas les ha sucedido que se van deprimiendo a lo largo del emprendimiento, porque alegan que tienen varios años en el mismo y no crecen o no despegan.

La recomendación es seguir intentando, no te rindas. Puede ser que tengas que reinventar tu negocio o hacerle una pequeña modificación para hacerlo diferente. Por ejemplo, tienes muchos años vendiendo ese *tshirt* con el nombre del niño. Un cambio podría ser ofrecer el mismo *tshirt* con una imagen del héroe de una película que está de moda e incluir el nombre del niño. Una vez nos posicionemos en la mente de las personas, seremos su primera opción, ya que es muy importante mantenerse siempre siendo su primera opción.

¿Y cómo se logra? Manteniendo la calidad, diversificando, mostrando empatía para calmar su dolor. Es más fácil volverle a vender a un cliente actual, que conseguir un nuevo cliente.

En cuanto a mí, les cuento que luego de todos los trabajos que les comenté, seguí trabajando en Bienes Raíces y mis invitaciones.

En el 2020, durante la Pandemia, con el tema de no poder salir de casa y que las entregas por *delivery* se popularizaron, inicié la fabricación de cajas.

Al subir la foto de estas a las redes, se detonó la necesidad en varios emprendedores que vieron en ellas una manera de poder vender su mercancía y hacerla llegar a su consumidor.

Aquel negocio de invitaciones que durante la Pandemia pareciera no generar ventas porque todos los eventos estaban clausurados y las personas estaban encerradas en sus casas, dio un giro de 360° al reinventarme y comenzar a ofrecer el producto que en esos momentos tenía una alta demanda y lo más importante fue que comenzamos a trabajar 100% *online* desde la planeación con el cliente, el pago y la entrega. Podemos decir que antes de la Pandemia, facturábamos entre $150 y $300 al mes y ahora estamos facturando arriba de los $1000 al mes y cada mes va incrementando.

Ahora, cuando escribo estas líneas, a inicios del 2021, este emprendimiento está dando frutos y está creciendo día a día. De aproximadamente 10,000 seguidores que había logrado conseguir en Instagram en 5 años, crecí a 21,000 seguidores en pocos meses durante la Pandemia. Todos sabemos que no es lo mismo seguidores que clientes. Estos seguidores pueden convertirse en clientes y está en nosotros lograrlo, aprovechando que ya nos conocen. Al publicar algo nuevo en las redes, les avisa de nuestra publicación y estos a su vez son referentes para nuevos clientes.

Estamos actualmente analizando y viendo hacia dónde va el mercado para pasar al siguiente nivel y crecer exponencialmente.

¿Cómo sacarle provecho a esta época que estamos viviendo?

Escuché a un conferencista decir que el mundo avanzó 10 años durante esta Pandemia porque se logró migrar a una plataforma *online* a trabajadores de empresas, tiendas de *Retail*, escuelas, universidades, restaurantes, farmacias, mensajería y otros.

Ahora podemos reafirmar que, a partir del 2020, *el que No está en Redes Sociales*, es como *el que No está en las Páginas Amarillas*.

Un día típico de una persona en esta época:

1. Levantarse y ver el celular,

2. Desayunar viendo su celular,

3. Hacer ejercicio con *Headphone* escuchando *Spotify* o *podcasts*,

4. Entrar en Teletrabajo, o se traslada a su oficina escuchando música, *podcasts*, en salas de Clubhouse o conversando en su celular,

5. Solicitar su almuerzo *online* y pagar *online*,

6. Mientras se traslada a su casa, vuelve a escuchar música, *podcasts* o conversar en su celular,

7. Llega a casa, conversa 30 minutos con familiares, ve un ratito de noticias, y se pone a ver videos o series en Netflix,

8. Antes de irse a dormir, revisa su celular.

Estamos, como mencione más arriba, 7 horas promedio en Internet o haciendo algo en las redes. **¿Que probabilidad hay que alguna publicación que hagamos de nuestros productos le llegue a un gran número de personas?** ¡Muchísimas probabilidades!

Si tu publicidad no le sale a él, alguno de sus contactos a los que sí le salió tu publicidad, se la reenviará si consideran que es algo interesante. En estos tiempos tenemos una gran oportunidad de que lo que subamos a las redes sea visto por un gran número de personas y en tiempo real.

¿Cuáles son las redes sociales más populares?

1. YouTube. Muéstrale al mundo lo que haces u ofreces. YouTube es la nueva televisión donde las personas buscan por categoría lo que les interesa ver y oír y los "*youtubers*" han encontrado una plataforma para ofrecer sus vivencias y conseguir seguidores.

2. Instagram. Aquí las personas buscan de manera rápida y visual, lo que quieren encontrar. Si buscan cajas, como es mi caso, escribirían #cajas y le salen todas las posibles cuentas que tienen cajas y pueden ver imágenes e inclusive hacer su compra *online* de inmediato. Esta plataforma está siempre implementando nuevas maneras de presentarle tus *posts* a tus seguidores, de una manera más dinámica y llamativa.

3. Facebook. Plataforma donde puedes encontrar imágenes e información sobre tu negocio, así como fotos e historial de amigos y familiares.

4. Twitter. Aquí puedes publicar contenido puntual sobre tu emprendimiento de manera concisa ya que permite un máximo de 140 caracteres por *post*.

5. WhatsApp. Plataforma donde puedes compartir con tus contactos, tus productos, hacer llamadas y video llamadas.

6. LinkedIn. Es una plataforma más seria y con un alto contenido de información, suministrada por profesionales donde se pueden encontrar ofertas laborables.

7. TikTok. Plataforma con videos cortos y puntuales de un tema que pueden tener efectos, música, sonido y gusta mucho a la juventud.

8. Clubhouse. Nueva plataforma de audio con salas y clubes para conversar sobre un tema.

Muchas de estas plataformas manejan "Promociones" que es donde tu pagas y ellos envían las imágenes de tus productos a miles de personas para que te conozcan y quieran entrar a ver lo que ofreces, generando tráfico ya sea a tus cuentas, sitios webs, y otros.

También te puedes anunciar en los buscadores más conocidos como Google Ads y Yahoo Ads.

Muchas personas tienen cuenta en varias redes, pero no todas las personas tienen el tiempo para revisar todas las redes. Por esta razón, debes tener presencia y publicar en la mayoría de las redes para poder ser vistos por un gran número de personas.

5 Tips que debes tener en cuenta al manejar las redes sociales:

1. Sube contenido a través de *Post*, Historias y otros en la mayor cantidad de redes que vayan alineadas con tu oferta. Esto debes hacerlo diariamente, es como decirle a tus seguidores, que tu negocio está abierto.

2. Responde los comentarios o preguntas que te hagan lo antes posible ya que, si no contestas en el lapso de unas horas, el cliente busca otra opción y no regresa a ti.

3. En las redes, se podría decir que no hay horario. Una persona te puede escribir a las 10 de la noche y si quieres, le puedes responder. En mi caso, trato de no contestar después de las 10 pm ni antes de las 9am.

4. Apóyate en herramientas y ten tus respuestas "cajoneras", las que siempre utilizas, guardadas en alguna parte del móvil de manera que no tengas que volver a escribir a cada cliente lo mismo y le puedas dar respuesta cuanto antes.

5. Al hacer tu *post*, hazlo con un encabezado que toque el "dolor" del que lo está viendo. (Dolor le llamamos a lo que la otra persona está buscando para saciar su necesidad. Un ejemplo podría ser "5 Ideas de negocios en Pandemia").

6. Incluye dentro de tu presupuesto de gastos mensuales, el pago a Promociones de tus *posts* en estas plataformas, para dar a conocer tu negocio. Al final, este gasto se convierte en inversión porque te generará muchos seguidores y clientes.

Y ya sabes de que va a ser tu emprendimiento?

Preguntas de Reflexión para encontrar oportunidades de negocio

¿Ya hiciste un *brain storming* de al menos 20 ideas de oportunidades de negocio? Se recomienda que escribas diariamente una idea de negocios, de manera que al final del año tengas 365 ideas de dónde escoger mientras decides emprender.

¿Ya conoces el dolor de tu posible cliente?

¿Ya tienes en mente lo que le puedes ofrecer a tu posible cliente para calmar su dolor? ¿Qué podría serle útil?

¿Analizaste si tu *hobby* o pasión podría ofrecerle algo a otras personas?

¿Qué habilidades tienes y que podría ayudar a otras personas?

¿Cómo puedes mejorar la forma de hacer algo que siempre haces?

Recuerda que aquello que tú ves que hace falta, puede ser una oportunidad de negocio.

www.ingramcontent.com/pod-product-compliance
Lightning Source LLC
Chambersburg PA
CBHW080446220526
45465CB00007B/2790